Das

Recht der Union.

Eine Schutzrede

von

Dr. W. Gaß.

Gießen, 1867.
J. Ricker'sche Buchhandlung

Der nachstehende Vortrag ist zu Ende April vor der Versammlung der evangelischen Conferenz in Friedberg gehalten worden. Ich theile ihn mit als Lebenszeichen des Kreises, in welchem er Beifall gefunden, und welcher dessen Veröffentlichung ausdrücklich wünschte. Doch ist der Abdruck dadurch, daß ich gleichzeitig und sehr dringend für eine andere und größere Drucksache zu sorgen hatte, um mehrere Wochen verzögert worden. Bei der nöthigen Umschrift des Manuscripts ergaben sich theils stilistische Verbesserungen, theils einige kleine Zusätze von selbst; im Wesentlichen aber stimmt das Folgende mit dem von mir gehaltenen Vortrage überein. Nur die Nachschrift ist neu hinzugetreten.

A. H.

Das deutsche Volk befindet sich gegenwärtig in einem Stadium der Bewegung und des Aufschwungs, welcher sein nationales Bewußtsein aufs Tiefste ergreift. Einigung der Nation zu einem eng verbundenen politischen Ganzen hat einem bedeutenden Theil derselben seit den letzten Decennien als großes und herrliches Ziel vor Augen gestanden und als kräftiger Trieb in ihm gewirkt; jetzt ist dieses Werk zwar nicht vollständig, aber doch seiner größeren Hälfte nach der Erreichung nahe, zur andern Hälfte einer nicht allzufernen und sicher verbürgten Zukunft anvertraut. Auf die langwierige und immer peinlicher und drangvoller gewordene deutsche Frage haben großartige Erfolge eine Antwort gegeben, durchgreifender und entscheidender als Alle erwarteten; und wenn bedeutende Geschicke sich dadurch von vorübergehenden Wendungen unterscheiden, daß sie Opfer fordern und ihre Resultate nicht ohne Demüthigung und nur mit Anstrengung aller Kräfte angeeignet werden können, daß sie aber auch auf zahlreiche vorbereitende Anzeichen zurückweisen: so dürfen wir wohl die Ereignisse des letzten Jahres als eine Begebenheit im großen historischen Sinne betrachten. Es ist natürlich und durch die Lage der Dinge geboten, daß der herrschend werdende Geist des öffentlichen Lebens den politischen Particularwillen als gefährlichsten Widersacher von sich weist. Particularisten heißen die Widerstrebenden, welche, wie auch übrigens ihr Programm lauten möge, die Losung des Tages nicht verstehen wollen. Particularismus ist ein abstracter Name, welcher die verschiedensten Gesinnungen umfassen kann; hier aber deutet derselbe auf das vorwiegende Interesse an den Theilungen und Besonderheiten, in welchen sich das deutsche Leben bisher bewegt hat; er hat also einen traditionellen Werth und Grund, eine durch Jahrhunderte genährte und erstarkte Berechtigung. Das deutsche Volk hat seine Einheit niemals aufgegeben oder völlig verleugnet, aber es hat sie geistiger verstanden als andere Nationen; sie galt ihm als ein unsichtbares Band, welches in der Literatur und Wissenschaft und Sitte wie in einem geheimen Einverständniß über die höchsten Angelegenheiten des Geistes seine Darstellung fand. Diese deutsche Gemeinsamkeit ist durch den angestammten Particularismus vielfach durchkreuzt und verwirrt, aber auch bereichert und anziehender gemacht worden. Von nun an kann und darf dieses schwankende Gleichgewicht des Universellen und Particularen der Nation nicht mehr genügen; die Mischung soll sich klären, das Einheitliche den Particularismus nicht auslöschen, aber doch überwiegen. Die Einheit fordert einen durchgreifenden gesetzlichen Ausdruck, wenn sie sich als politische Macht bewähren soll.

Wenn daher auch in dem neu zu gründenden bundesstaatlichen Reichsorganismus das Particulare immer noch eine bedeutende Stelle einnimmt: so ist das eben eine Nothwendigkeit, welche dem deutschen Volke durch seine staatlichen Verhältnisse sowie durch die ganze Vergangenheit seines Staats- und Stammeslebens auferlegt wird, und von der es sich nicht willkürlich trennen darf; es ist die eigenthümliche Form eines national-politischen Princips, nicht dieses selbst.

Die politische Bewegung überträgt sich auch auf die kirchlichen Angelegenheiten, welche sich zwar selbständig, doch im Zusammenhang mit jener entwickeln und gestalten. Die Kirche ist ihrem Wesen nach nicht national; wäre sie es: so könnte sie die Nationen nicht über sich selbst erheben und in den unsichtbaren und übersinnlichen Körper des Gottesreichs aufnehmen, so vermöchte sie nicht die Völker und Staaten in sich selber zu scheiden und in das Gemeinsame des bürgerlichen und politischen Verkehrs tiefgreifende Differenzen und Gegensätze anderer Art hineinzutragen, was nirgends in höherem Grade als in unserm deutschen Vaterlande geschehen ist. Aber sie ist doch einer nationalen Darstellung fähig, ja sie kann gar nicht umhin, in Wissenschaft und Cultus einige Züge von nationalem Charakter in sich zuzulassen. Auch dem Kirchlichen heftet sich in unserer Zeit gern ein nationales Merkmal an. Deutsche Theologie ist eine Benennung, die schon Luther durch die Herausgabe des bekannten schönen Büchleins zu Ehren gebracht, deutscher Theologe ein wenig oder viel sagendes Prädicat. Einige Schriftsteller dieses Jahrhunderts sind gerade unter dieser Selbstbezeichnung ihrem Publicum gegenüber getreten, und ihre Absicht war, sich auf diese Weise aus den gewöhnlichen Parteischranken herauszustellen, ihr Wort aber zu den tieferen Interessen unseres Geisteslebens in ausdrückliche Beziehung zu setzen; sie wählten einen Namen, welcher unbefangene Aufmerksamkeit und Vertrauen zugleich beansprucht. Auch der Schriftsteller, auf welchen dieser Vortrag hauptsächlich Bezug nehmen wird, nennt sich mit bescheidenem Selbstgefühl einen deutschen Theologen, weil er nicht mit den parteibeschränkten Eiferern verwechselt sein und mit seinen Anträgen eine brüderliche Handreichung verbinden will. Eine ähnliche Bewandtniß hat es mit dem Namen deutscher Protestantismus; man versteht darunter eine reiche und vieltheilige, ja wie oft hinzugedacht wird, zerfahrene und verworrene Darstellung des protestantischen Geistes, die wenig Realität und viel Idealität hat, die aber doch bildsam und geduldig genug ist, um ihre eigenen Gegensätze auszugleichen und unter tausend Rück- und Vorbewegungen etwas Gemeinsames als allmählichen Niederschlag in sich abzusetzen. Schon im Zeitalter der ausgebildeten Kirchenspaltung war der deutsche Protestantismus keine bloß örtliche Benennung und keine leere Abstraction, er ist es auch jetzt nicht, sondern hat seine Wahrheit wie in der Literatur, so in der religiösen Gesinnung und Sitte. Der praktische Ausdruck desselben würde eine deutsche evangelische Kirche sein, als letztes Ergebniß eines national bedingten protestantischen Gesammtlebens. Nach menschlicher Wahrscheinlichkeit liegt eine solche noch in weitem Felde. Allein der Ruf des Universalismus, welcher auf dem politischen Gebiet so laut ertönt, soll doch auf dem kirchlichen nicht überhört werden; denn auch auf diesem giebt es ein Princip der Gemeinsamkeit, welches wir zu fördern verpflichtet sind; auch hier steht die Bildung neuer Verfassungsformen in Aussicht, und diese werden keinen Bestand haben, wenn sie nicht dahin wirken sollen, das Particulare des Glaubens und der Lehre einem höheren Gesetz des kirchlichen Gemeingeistes unterzuordnen.

Der Krieg des vorigen Jahres hat auf Monate alle kirchlichen Verhandlungen sistirt und allen Parteien Stillschweigen auferlegt. Als sie dann sich wieder regen durften, fanden sie Alles wie zuvor, Alles nur abgebrochen oder unterbrochen, Nichts erledigt. Die Annahme, als ob für die kirchlichen Zwecke irgend eine unmittelbare Entscheidung oder Veränderung hätte erzielt werden können, würde Täuschung gewesen sein. Für die Fehden der Theologie und des Glaubens giebt es keinen Prager Frieden und keine Convention und Annexion. Desto mehr aber wirkten die Ergebnisse des Krieges mittelbar, nämlich auf das lebendige Subject der kirchlichen Gemeinschaft und ihrer Gliederung. Durch Umgestaltung kirchlicher Landesgrenzen, durch Bildung neuer Gruppen wird jedenfalls die Kirche im gesellschaftlichen Sinne sehr verändert; es sind die alten Bestrebungen, aber durch ein frisches oder neu verbundenes Material empfangen sie einen neuen und unabweislichen Anstoß. Nichts ist wunderbarer als eine neue sociale Blutmischung, sie führt Ungleichartiges zusammen und bewirkt einen augenblicklichen Stillstand; haben sich aber die verwandten Lebensadern erst gefunden, sind neben den verschiedenen auch gemeinsame Bestrebungen und Zielpunkte erkannt: dann muß die Stockung sich lösen und aus der erweiterten Circulation eine neue Kraftentwickelung hervorgehen. In die Kirche des preußischen Staats sind durch dessen Erweiterung neue und ungleich geartete Bestandtheile eingetreten, Lutheraner, Reformirte und Unirte, und diese Letzteren wieder in verschiedener Beschaffenheit; sie sind aufgenommen in einem Zeitpunkt, wo die preußische Landeskirche längst als unirte constituirt und geleitet und in der Verfassungsangelegenheit soweit gelangt war, um das Begonnene nicht wieder aufgeben zu können. Dieser Zusammentritt drängt nothwendig auf die Frage: welcher von diesen Factoren bezeichnet den höheren und zeitgemäßeren Grad kirchlicher Entwickelung? Sind es die Lutherischen, die Reformirten oder Unirten, die symbolisch Gebundenen oder Nichtgebundenen, die Gegner oder die Freunde der Verfassungsbildung? Denn diese höher Entwickelten werden in dem bevorstehenden Bildungsproceß früher oder später vorantreten müssen. Der dazwischen liegende Zustand der gegenseitigen Duldung, des freien Gewährenlassens der neuen kirchlichen Abtheilungen, welche über ihren eigenen Willen und kirchlichen Bestand sich zunächst frei auszusprechen haben, ist zur Beruhigung der Gemüther und zur Zerstreuung falscher Besorgnisse nothwendig, aber er wird nicht lange dauern, und mitten in diesem Ruhepunkt sammeln sich schon die Kräfte zu einer neuen praktischen Gestaltung.

Darin, m. H., glaube ich Sie mit mir einverstanden, daß wir Alle an diese Ereignisse, bei denen wir kirchlich nicht unmittelbar betheiligt sind, doch Hoffnungen geknüpft haben, Hoffnungen zu Gunsten des kirchlichen Universalismus und der Erhebung über die Schranken der confessionellen Tradition. Aber wir sind auch nicht weniger gefaßt auf den Eintritt neuer und sehr gehäufter Schwierigkeiten. Ich wende mich zu dem Gegenstand meines Vortrags, indem ich Sie daran erinnere, daß der nächste Rückschlag gerade zu Gunsten des Particularismus und Confessionalismus auszufallen droht. Dieser ist es, der zuerst den Wendepunkt für sich und seine Befestigung auszubeuten sucht. Die Evang. K. Z. hat sofort die Gelegenheit ergriffen. Sie eröffnet der streng Lutherischen Geistlichkeit Hannovers ihre Spalten, ihre

Streitkräfte sind gewachsen, und was sie bezweckt, ist nicht das Lutherthum im historischen Sinne, sondern dieses dient ihr vielmehr als Schutzmittel zur Erhaltung und Förderung einer starren Kirchlichkeit.

Aber auch andere Stimmen sind laut geworden, und unter ihnen sehr achtungswerthe, die nicht der Partei und der bloßen Reaction dienen, sondern das gegenwärtige Bedürfniß der kirchlichen Gemeinschaft mit reinem Willen ins Auge fassen. Zu diesen gehört auch der Ungenannte, welcher als deutscher Theologe vor mehreren Monaten über die zukünftige Gestaltung der kirchlichen Angelegenheiten seine Gedanken mitgetheilt hat. Ich darf voraussetzen, daß Ihnen die Schrift: „die politische Lage und die Zukunft der evangelischen Kirche Deutschlands" (Gotha 1867) durch eigene Kenntnißnahme oder doch aus Beurtheilungen bekannt geworden ist. Sie hat in Kurzem ein Paar Auflagen erlebt, ist vielfach in Gutachten und Zeitschriften besprochen, belobt und gescholten worden. Gewidmet dem Andenken Friedrich Wilhelms IV. sichert sie sich durch gedankenvolle Ausführung, frommen Ernst und praktischen Verstand gerechte Anerkennung. „Wird die evangelische Kirche Deutschlands, nachdem sie drei Jahrhunderte in voller Abhängigkeit vom Staate gestanden, noch im Stande sein, aus diesem Hörigkeitsverhältniß herausgesetzt einen Leib zu gewinnen? Wird sie die Freiheit und Selbständigkeit erlangen, die ihr gebührt, deren sie bedarf, um in der Kraft und Eigenthümlichkeit ihres göttlich gesetzten Wesens sich nach allen Seiten wirksam zu beweisen, deren sie doppelt bedarf gegenüber dem modernen Staat, der seinerseits jeden staatskirchlichen Charakter immer mehr abstreift." Schon diese Worte sichern der Schrift ein weitreichendes Interesse. Zwar ist der Beifall sehr getheilt; Einige folgen dem deutschen Theologen um so lieber, da er seine Verfassungsvorschläge mit einem entschiedenen Protest gegen das Unionsprincip eröffnet, Andere werden mit vollem Recht gerade dadurch kritisch gestimmt. Aber Alle werden zur Theilnahme genöthigt, weil es sich hier nicht um allgemeine Grundsätze und Probleme handelt, sondern um deren Anwendung auf eine gegebene Sachlage, weil wir nach der Meinung des Schriftstellers uns gegenwärtig inmitten einer kirchlichen Krisis befinden, von einem Umfang und einer Bedeutung, „wie sie Deutschland seit den Tagen der Reformation nicht wieder erfahren hat." Fürwahr eine starke Herausforderung zu allseitiger Aufmerksamkeit! Es sind stets die Thatsachen, welche den Gedanken neue Kraft verleihen. Ich selbst würde mir nicht erlauben, von der Union zu reden, wenn es sich diesmal um eine theoretische Behandlung dieses so viel besprochenen und daher für die Mehrzahl zum trivialen Gemeinplatz herabgesunkenen Thema's handelte. Aber nein, durch die neu eröffneten Verhältnisse und Aussichten gewinnt der Gegenstand eine gesteigerte Wichtigkeit, und stehen wir wirklich in einer Krisis: so treten auch alle Ueberzeugungen in eine kritische Stellung und in dieser bedürfen sie auf's Neue der Darlegung und Begründung.

Der deutsche Theologe will kein Particularist sein, seine Absicht ist, den einzelnen kirchlichen Abtheilungen zu sichern was ihnen gebührt, Freiheit in der Anwendung ihrer Grundsätze und kirchlichen Lebensformen, damit sie dann als selbständig verwaltete Provinzen zu einem größeren Ganzen verbunden werden können. Aber damit dies möglich werde, muß die Union als **kirchenregimentliches Princip** aufgegeben werden und die **Confederation** an die Stelle treten. Als Gesinnung der Eintracht und Liebe bleibt die Union nothwendig, als Maxime des Kirchenregiments ist sie unmöglich geworden und tritt zu dem jetzigen unweigerlich anzuerkennenden Thatbestande in Widerspruch. Aufdrängen läßt sie sich den neu erworbenen Ländern nicht, die ja nur einen **Makel** in ihr erblicken, also nicht Hannover, nicht Lauenburg und Schleswig-Holstein, und jeder Versuch dieser Art würde die schwersten Verwicklungen und schließlich einen Bruch in der Landeskirche zur Folge haben.

Es sei mir gestattet, m. H., Sie an dieser Stelle festzuhalten; denn nur mit demjenigen, was in unserem Büchlein die

Vorfrage genannt wird, gedenke ich mich zu beschäftigen, indem ich die Beleuchtung des nachfolgenden Verfassungsprojects Anderen und dazu Berufeneren überlasse. Dabei bemerke ich, daß ich im Folgenden die zahlreichen Gegenschriften unberücksichtigt lassen werde, weil es für meinen Zweck nur auf eine Darlegung einfacher Grundgedanken, nicht auf ein ausführliches Stimmenverhör ankommen kann.

Zwei Gründe hauptsächlich sollen zum Beweis dienen, daß das Unionsprincip unhaltbar geworden und daher nur zu einem interimistischen Dasein berufen sei. Zunächst wird behauptet, es sei gar nicht kirchlichen Ursprungs, sondern nur die unbedingte Souveränität des landesherrlichen Kirchenregiments habe es in's Leben gerufen. Für den ehrwürdigen König Friedrich Wilhelm III. sei die Union eine kirchenpolitische Nothwendigkeit gewesen; in Preußen sollte dadurch der Territorialismus in den werdenden Großstaat übertragen, in Baden, Nassau und der Rheinpfalz sollte derselbe in den vergrößerten Kleinstaat gerettet werden. Allein der Versuch mißlang, und die jetzige Erweiterung des preußischen Großstaats hat jenes Mittel, welches den kirchlichen Territorialismus durchführen sollte, vollends zerbrochen. Diese Erklärung ist höchst überraschend und in solcher Form möchte sie wohl noch niemals vorgetragen worden sein. Die ganze Vorstellung des werdenden Großstaates, der dieses Mittel benutzen soll, damit bei seiner Erneuerung die bestehende Regierungsgewalt des Landesherrn auch auf dem kirchlichen Gebiet keinen Abbruch erleide, stammt aus modernen Anschauungen und wird vom Verfasser durch kein einziges Datum belegt. Die Zuhülfenahme eines kirchenpolitischen Beweggrundes bei Beurtheilung der Union ist freilich nicht neu. Schon vor Jahrhunderten waren die Verfechter confessioneller Grundsätze der Meinung, daß die damaligen Friedensversuche einen fremdartigen Hintergrund haben, daß die Einigung der beiden Bekenntnißkirchen erstrebt werde, um die Verwaltung der Landeskirchen zu erleichtern oder um das Verhältniß der Evangelischen zum Katholicismus sicherzustellen, weil allerdings auch solche Gründe bei den Unionisten und Synkretisten mitwirkten. Dies und Aehnliches seien aber doch nur unberechtigte Motive, nur schlechte Opportunitätsgründe, viel zu weltlich, um in Angelegenheiten des Gottesreichs den Ausschlag zu geben. Wohl, wenn es sich nun so verhielte, wenn wirklich der Gedanke des ehrwürdigen Königs aus dem Bedürfniß einer in's Große gehenden Ausführung seiner kirchlichen Regierungsgewalt hervorgegangen wäre: dann müßten wir freilich noch weiter gehen und denselben Maaßstab auch auf die andere Seite anwenden. Wie steht es alsdann mit dem Confessionalismus? Ist dieser nicht ebenfalls durch die Herrschaft territorialistischer Regierungsgrundsätze zwar nicht entstanden, aber doch bedeutend gesteigert und verschärft worden? Wollte man hier die Summe dessen ziehen, was in der Durchführung der confessionellen Spaltung auf Rechnung des Territorialismus kommt: so würde sie unendlich größer ausfallen als etwanige und gleichartige Folgerungen, zu welchen die Unionsgeschichte Anlaß geben kann. An theologischen Politikern hat es auch in der anderen Richtung nicht gefehlt; es läßt sich nachweisen, daß vor Zeiten die kirchliche Eintracht deshalb widerrathen wurde, damit der Kaiser keine Veranlassung habe, wegen Ueberschreitung der Schranken des Augsburger Religionsfriedens unzufrieden zu sein und politische Beschwerden der Fürsten deshalb unberücksichtigt zu lassen. Wer also den Weg der Erklärung aus kirchenrechtlichen Beweggründen überhaupt einschlagen will, der möge auch gerecht sein, er möge nicht ein einzelnes Ereigniß herausgreifen, um es unter einen Gesichtspunkt zu stellen, welcher eine weit größere Tragweite besitzt und der vielmehr für das Verständniß der gesammten Entwickelung der deutschen Kirchen in Betracht kommen müßte.

In der That aber verhält es sich keineswegs so. Nicht der König hat die Union willkürlich oder um seiner Stellung willen gemacht, sie war ein Product seiner Zeit, ein Ergebniß der Freiheitskriege und der durch sie hervorgebrachten religiösen Erhebung und Verbrüderung. Das weiß jeder Kundige. Die Absicht des

Königs war eine religiöse und christliche, sonst hätte sein Vorhaben nicht so großen Beifall gefunden, sonst wäre es nicht auf andere deutsche Länder in selbständiger Weise und mit nachhaltigem Erfolg übertragen worden, sonst hätten sich nicht so zahlreiche Symptome eines erneuerten kirchlichen Sinnes daran angeschlossen. Eine lange Periode kirchlicher Indifferenz war vorangegangen, die Versuche einer Wiederherstellung symbolischer Auctorität schlugen fehl; am Anfang des Jahrhunderts oder doch nach dem ersten Decennium erwachte ein innigeres Gefühl der Andacht und Gemeinschaft, das aber nicht gedeihen konnte, sobald ihm nicht in der Zusammenleitung einer doppelten confessionellen Ueberlieferung ein entsprechender Ausdruck gegeben wurde. In diese erweiterte Kirchlichkeit, in diese werdende Großkirche sollte die preußische Landeskirche eingeführt werden von der Ueberzeugung aus, daß die getrennten Confessionen aus ihrer bisherigen Sonderexistenz und aus dem Fortbestande ihres dogmatischen und rituellen Particularismus keine Kraft mehr schöpfen würden. Sie sollte sich als evangelische in der Gleichheit ihres Grundes und in der wesentlichen Uebereinstimmung ihrer Aufgaben und Darstellungsmittel verstehen lernen; der weitgeöffnete und von veralteten Scheidewänden befreite Raum sollte das Bewußtsein ihrer großen Bestimmung erwecken und stärken; das Evangelium sollte nicht lediglich im Lichte eines formulirten Bekenntnisses, sondern dieses wieder im Lichte des Evangeliums erkannt und beurtheilt werden, damit das letztere in seiner Unmittelbarkeit erbauend wirken könne. Das war die redliche Absicht des Königs, und ausgeführt wurde sie nach persönlichem Dafürhalten und auf dem Wege des herrschenden Regierungssystems; ein anderer war nicht vorhanden. Die Mittel heiligen den Zweck nicht, aber sie sollen ihn auch nicht verdunkeln, noch die Reinheit des Vorhabens in Zweifel stellen, wo dieselbe durch so sichere Kennzeichen bezeugt wird und wo die persönliche Gesinnung des Urhebers dafür einsteht. Eine Verkennung der Beweggründe aber, wie sie hier geübt wird, hat der König nicht verdient, und sie muß geradezu als historische Unwahrheit bezeichnet werden. Hätten der König und seine Räthe die bevorstehenden traurigen Wirren und Verkümmerungen und den späteren confessionellen Rückschlag vorausgesehen: vielleicht würden sie vorsichtiger gewesen, vielleicht das ganze Werk als verfrüht und unzeitig noch bei Seite gelegt haben. Allein auch diese Erwägung kann unser Urtheil nicht erschüttern. Im Gegentheil vielmehr, alle ähnlichen Unternehmungen, die Reformation nicht ausgenommen, haben etwas Vorgreifendes, sie finden den Boden bereitet und nicht bereitet. Ein frischer vordringender Wille ruft sie ins Dasein, erst nach der That wird ihre Schwierigkeit erkannt, und es dauert eine Zeit lang, bis ihre innere Wahrheit dargethan ist. Wohl uns, — das dürfen wir jetzt nach 50 Jahren aussprechen, — wohl uns, daß alle Anfeindungen und Hindernisse, so sehr sie sich auch häufen mögen, das Factum selber nicht ungeschehen machen können!

Indessen bin ich doch weit entfernt, die Art der Durchführung des Unternehmens von einer Mitschuld an den nachfolgenden Verwirrungen freisprechen zu wollen. Es wäre zeitraubend, Ihnen, m. H., ein Stück der preußischen Kirchengeschichte erzählen oder auch nur die bekannteren Data vollständig in Erinnerung bringen zu wollen. Das Verfahren des obersten Kirchenregiments ist selbst von den wohlwollendsten Beurtheilern gerügt worden, es unterliegt dem Vorwurf der Unbedachtsamkeit und der geschäftsmäßigen Uebereilung. Abgesehen von dem unvergeßlichen Manifest vom September 1817 verriethen die folgenden Schritte nicht die richtige Unterscheidung dieser kirchlichen Angelegenheit von anderen Maaßregeln der Regierung, die Behandlung war dieselbe, deren Fehler aufzudecken für den jetzigen Standpunkt nicht schwer und kein Verdienst mehr ist. Neigung und Bereitwilligkeit war in der Mehrheit vorhanden, kam aber nicht hinreichend zum Ausdruck. Man sorgte nicht dafür, eine kirchliche Sache auch auf kirchlichem Wege und unter der nöthigen Selbstthätigkeit der kirchlichen Gemeinschaft ins Leben treten zu lassen. Alles geschah für die Kirche, aber ohne daß deren freie

Stimme in weitem Umfange zu Gehör gekommen wäre, und als dies geschah, war das gute Vertrauen bereits geknickt. Die begonnenen Reformen der Verfassung blieben liegen, dagegen sollte der Union durch die neue Agende ihr gesetzlicher und bekenntnißmäßiger liturgischer Ausdruck gegeben werden, was denn auch geschehen ist, aber nicht ohne mehrjährige Zwietracht und zunehmende Verstimmung. Es ist schlimm, wenn eine segensvolle Gabe unter Symptomen der Unzufriedenheit angeeignet wird, wenn der Widerspruch einer plötzlich auftretenden Opposition, — wer denkt nicht an die tragischen Scenen! — das Ansehen der Unordnung und des Ungehorsams gewinnt. Eine kirchliche Einigung ist durchaus Sache der Gesinnung und des Willens, nicht der bloßen Ansicht, und auf den Factor freier Uebereinkunft und Verständigung ist nicht genug gerechnet worden, oder auch, wie ich sogleich hinzufügen möchte, es wurde zuviel darauf gerechnet, da man zuweilen außerhalb Preußens unterlassen hat, eine so wichtige Veränderung an allen Orten, wo sie den Beifall der Mehrheit fand, auch durch förmliche Einführung öffentlich zu befestigen. Aber alle diese bekannten Schattenseiten des historischen Verlaufs betreffen nicht den Kern und Grundgedanken der Sache, sondern deren Zuthaten und Anhänge, und sie erklären sich aus den inneren Gebrechen des ganzen religiösen und kirchlichen Zustandes, die aber auch ohne die Union ganz dieselben würden geblieben sein. Die Kanonen von Hönigern soll man aber nicht zum Weltereigniß stempeln wollen, denn sie waren nicht lebensgefährlich.

Mit dem Gesagten hängt noch etwas Anderes zusammen. Der „deutsche Theologe", indem er das Eintrachtswerk aus den persönlichen Regierungsmaximen des Königs herleitet, sieht von der kirchlichen Vergangenheit gänzlich ab; des kirchenhistorischen Hintergrundes gedenkt er nicht mit einem Wort. Als wenn nicht die Union weit zahlreichere Antecedentien hätte als sie Consequenzen hat! Als wenn nicht die Einheit des evangelischen Protestantismus ebenso alt und älter wäre als dessen

Zweiheit, und als wenn nicht die gesammte Entwicklung der Confessionen von fortlaufenden Versuchen einer Aufhebung des Zwiespalts begleitet gewesen wäre! Daß es sich so verhält, pflegen doch Theologen zu wissen, selbst deutsche Theologen. Dem Unserigen darf es verdacht werden, daß er sich jedes historischen Rückblicks entschlagen hat. Oder ist es etwa ein Naturgesetz, ein Postulat des Glaubens, daß dem seit tausend Jahren zweitheiligen Katholicismus nun auch ein protestantischer Dualismus für immer gegenüberstehen muß? Man pflegt darauf hinzuweisen, daß zwischen dem alten Synkretismus und der modernen Union ein beträchtlicher Unterschied stattfindet, den wir auch gern einräumen, der aber den Zusammenhang nicht aufzuheben vermag. Vor etwa zweihundert Jahren wurde, um nur Ein Beispiel herauszugreifen, das Kasseler Religionsgespräch gehalten. Es führte zu der gemeinschaftlichen Erklärung, daß in allem Fundamentalen des Glaubens und der Lehre eine volle Uebereinstimmung stattfinde, welche durch die noch übrigen Differenzen nicht aufgehoben werde. Dabei wurde der Dissensus in vier Artikeln nicht nur festgehalten, er wurde auch in seiner Strenge formulirt und neben den Consensus gestellt; folglich beabsichtigte man hier nur eine durchaus conservative Union, ja eigentlich nur eine Confederation, und auch diese gelang in geringem Umfange und unter den bittersten Anfeindungen der umgebenden Lutherischen Parteien. Allein das Kasseler Gespräch war aus der Herrschaft des symbolischen Buchstabens und der leidenschaftlichsten confessionellen Polemik hervorgegangen und durch die gegebenen Verhältnisse bedingt; daher mußte eine ähnliche Unternehmung des neunzehnten Jahrhunderts, eben weil sie ganz andere kirchliche und wissenschaftliche Erlebnisse hinter sich hatte, nothwendig einen großen Schritt weiter thun. Gemeinsames und Gegensätzliches konnten jetzt nur im Allgemeinen anerkannt, nicht aber präcisirt und formulirt werden, weil alle Grad- und Grenzbestimmungen unsicher geworden waren. Der Wille der Union spricht sich in der Anerkennung eines gemeinschaftlichen religiösen und kirchlichen Berufs aus, welcher auf die Beurtheilung aller Lehrdifferenzen leitend einwirken sollte. Die ältere scharf begrenzte Confederation erweiterte sich zur unbestimmteren aber entwicklungsfähigen Union, weil diesem Zeitalter keine andere frommte. Der Rationalismus des vorigen Jahrhunderts hat als solcher die letztere nicht hervorgerufen, denn er war unbekümmert um die kirchliche Gemeinschaft; wohl aber hat derselbe eine bis dahin nicht vorhandene Freiheit der Schrift- und Geschichtsforschung in Gang gebracht und für die Zukunft sichergestellt, und als sich dann diese wissenschaftliche Richtung mit religiösem Geiste und kirchlichem Interesse aufs Neue verband, war es nothwendig der ganze Stamm und Boden des protestantischen Lebens, auf welchem die weitere Fortbildung des deutschen Protestantismus erfolgen sollte; nicht gespaltene, sondern vereinigte Kräfte sollten in einem freien Austausch der Geister ihm dienen, nicht Zielpunkte der Tradition oder Vergangenheit allein, sondern auch der Zukunft ihm vor Augen stehen. Und diese Nothwendigkeit besteht noch heute, und die Union gilt uns als eine Zusammenfassung der Bekenntnisse, Cultusformen und theologischen Lehrweisen, welche auf dem Grunde der Reformation und ihrer Principien erwachsen sind.

Diesem großen Zusammenhang gegenüber ist es nur eine kleinliche Auskunft, wenn der Schriftsteller nach dem „Geburtsschein der Union" fragt mit dem Zusatz: „Jedes Ding urständet nach seiner Zeugung und die Kräfte dieser präformiren und beherrschen seine Entwickelung" (S. 13). Ich denke ihr Geburtsschein ist nicht eine einzelne Stiftungsurkunde, obwohl eine solche in menschlichen Dingen niemals fehlen darf, sondern er muß in der Bestimmung des protestantischen Lebens und Glaubens selber aufgesucht werden; diese aber hat der „gute Rath der Menschen" nicht erfunden. Eine so leichte Redensart wie die vom Urständen der Dinge klingt vermessen in dem Munde eines nachdenklichen Mannes, zumal wenn er völlig unterläßt, denselben Maaßstab auch nach der anderen Seite zu handhaben, also die Spaltung und Feindschaft der Kirchen darauf anzusehen, ob sie ihre „Legitimation aus dem Heiligthum mitbringt, ob sie die Kriterien einer That Gottes an Seiner Gemeinde“ an sich trägt. Was sollte überhaupt daraus werden, wenn wir so manche bedeutende That der christlichen Geschichte, z. B. etwa die Staatskirche Constantin's des Großen, lediglich nach den Beweggründen ihres Urhebers und nach der Beschaffenheit der begleitenden Umstände beurtheilen wollten! Wenn aber der Verfasser in der Union einen Makel findet: so muß er eine Antwort hinnehmen, die ich sonst zurückhalten würde, die Antwort nämlich, daß auch das Evangelium selber mit diesem Makel behaftet ist.

Soweit ist es nicht schwer, das vorliegende Votum zu beantworten. Größere Schwierigkeiten ergeben sich, sobald wir näher an den Gegenstand herantreten. Der „deutsche Theologe“ stellt sich nicht bloß an den Anfangspunkt der Unionsangelegenheit, er will sie auch an ihren Früchten und Wirkungen erkennen, wobei er einige beachtenswerthe, obwohl mit seiner Grundansicht schwer vereinbare Zugeständnisse macht. Er selbst fordert Union der Gesinnung, geistige Eintracht, welche den Blick erweitert und die Herzen nähert. Das in Preußen bestehende rechtliche und kirchenregimentliche Verhältniß dagegen nennt er ein unmögliches; es hat in eine Sackgasse geführt, es hat sich also nicht bewährt, seine Verheißung nicht gehalten, sondern die bei seinem Eintritt vorhandenen kirchlichen Schwierigkeiten unüberwunden gelassen; weder im christlichen Volksleben noch in der Literatur und Theologie liegen reine und mit Sicherheit auf dieses Princip zurückzuführende Resultate vor. Wozu sich also noch länger binden wollen an eine unfruchtbar gebliebene und durch den Verlauf der Dinge unhaltbar gewordene Norm? Hierauf wäre zu fragen, wenn die Union nicht Wort gehalten, ob man ihr denn Wort gehalten, ob nicht seit einem Menschenalter eine ganze Reihe von Vorgängen und Kundgebungen auf einander gefolgt sind, durch welche den unirenden Tendenzen der freie Spielraum verkürzt worden ist. Nicht minder wäre zu fragen, ob die antiunionistische Richtung durch sich selbst und nicht etwa durch die ihr zugeführten milderen Gesinnungen, welche ja dann nach des Kritikers eigener Ansicht nicht aus dieser Quelle stammen würden, eine größere populare Kraft entwickelt hat und noch entwickelt, und dafür würde ihm der Beweis schwer geworden sein, wenn er sich überhaupt gründlich hätte darauf einlassen wollen. Einzelne Erfahrungen, nach welchen er greift, können nicht ausreichen, denn andere stehen ihnen entgegen. Doch ich will den Streich nicht zurückgeben, dagegen muß ich die eben angedeutete Argumentation als oberflächlich und unzulänglich bezeichnen. Mit so handgreiflichen Mitteln läßt sich die ganze Controverse nun einmal nicht erledigen, dazu ist ihr Gegenstand zu geistig und subjectiv und zu sehr im Werden. Die Union ist als Thatsache des christlichen Bewußtseins und kirchlichen Strebens in einem bedeutenden Factor der deutsch-evangelischen Gemeinschaft so tief eingedrungen, daß sie sich gar nicht mehr entwurzeln läßt, aber sie hat zugleich ihre Realität in dem allgemeinen Geist der religiösen Bildung und der wissenschaftlichen Bewegung. Fragt man nach ihrem Rechtsbestande: so ist derselbe an manchen Orten unserer eigenen Heimath problematisch geblieben. Fragt man nach ihrem Bekenntniß: so ist ein ausdrückliches und anerkanntes nicht vorhanden; denn die Augsburgische Confession nimmt zwar eine verwandte Stellung ein und hat im Zeitalter der Spaltung eine höchst bedeutende einigende Wirksamkeit geübt, aber als Unionsbekenntniß im engeren Sinn darf sie nicht mehr gelten. Denken wir an ihre Theologie: so vergegenwärtigt sich uns eine lange Reihe ausgezeichneter Persönlichkeiten, durch ihre Namen schon finden wir uns in einen wohlbekannten und Jedem unter uns theuer gewordenen Kreis des protestantischen Lebens und Studiums versetzt. Lassen Sie mich von ihren Leistungen schweigen, nur das Eine möge erwähnt werden, daß die gründlicheren und tiefer eindringenden Forschungen über Geist und Geschichte der Confessionen nicht von diesen selbst, sondern von der Unionstheologie ausgegangen sind, weshalb Niemand behaupten wird, daß die

Bedeutung der älteren kirchlichen Richtungen seit den letzten Decennien kein Verständniß unter uns gefunden hätte. Aber auch diese wissenschaftlichen Früchte sind ebenso ungleich als reichhaltig, sie zerfallen in Gruppen conservativer und kritischer Tendenz und stellen alle Abstufungen des Gegensatzes und der Vermittelung vor Augen; Einheit und Abschluß fehlen ihnen. Abschluß läßt sich also in den praktischen wie in den theoretischen Erscheinungen dieser erweiterten Kirchlichkeit nach keiner Seite hin nachweisen. Das Alles ist richtig, aber es beweist viel zu viel, weil die Beschaffenheit der gegenwärtigen protestantischen Lebensepoche, die überhaupt noch keine reinen Resultate durchdringen läßt, dabei gar nicht in Rechnung gebracht wird. Wer daran Anstoß nimmt, nun wohl der trete in die Schranken der gespaltenen symbolischen Lehrüberlieferung zurück, aber er scheide auch von den veränderten Anforderungen, welche der Charakter dieses Zeitalters uns auferlegt, wenn wir anders die christliche Religion wirksam erhalten und in die Bildung dieser Zeit einführen wollen, er wende sich ab von den allgemeineren Aufgaben des Protestantismus, welche allerdings in einer Läuterung und faßlicheren Deutung der überlieferten Glaubensanschauungen bestehen. Es ist nöthig, den Gesammtschauplatz, auf welchem wir uns befinden, im weiten Umfange und im kirchlichen Interesse zu überschauen; dazu bedarf es einer unbeschränkten Aussicht, die Union gewährt sie uns, das ist die Sackgasse, in welche sie uns geführt hat. Auf dem Wege der confessionellen Apologetik und Polemik werden sich diese Aufgaben nicht lösen, ja kaum würdigen lassen; auch die Union als Aufhebung des kirchlichen Zwiespalts löst sie nicht unmittelbar; aber sie bildet doch für alle in's Große gehenden protestantischen Bestrebungen die *unentbehrliche Anknüpfung und Voraussetzung*. Sie ist ein Act der *Erhebung über die kirchliche Vergangenheit* und der Zurückversetzung auf einen einfachen Grund der Kirchengemeinschaft, und wer diesen in sich zu Wege bringt, giebt damit zu erkennen, daß er, — und an diesem Entschlusse sollen wir, glaube ich, Alle Theil nehmen, — die große Bestimmung des protestantischen Glaubens und Geistes im vollen Umfange auf sich wirken lassen will.

Hiermit behaupte ich eine indirecte und geistige Nothwendigkeit der Union, die freilich nicht so offen auf der Hand liegt, zumal für Solche, die nur mit fixirten Größen umgehen wollen in einer Zeit, welche uns so viel Werdendes, Schwebendes und Unentschiedenes vor Augen stellt. Wie weit wir auch in unseren Bestrebungen auseinander gehen mögen, jedenfalls sollen dieselben von einer allseitigen Empfänglichkeit begleitet sein, die auch ihre Fruchtbarkeit verbürgt und fördert. Wir sind gewohnt, unseren Ansichten auch die Bildung, die sittliche wie die intellectuelle, gleichzustellen, unter deren Mitwirkung wir uns jene angeeignet haben. Wie leichtsinnig würde es also sein, eines der wichtigsten Bildungsmittel für alle Mitarbeit an den Angelegenheiten der Kirche und Theologie, weil sie manchen Neigungen eine wohlthätige Schranke setzt, verdächtigen, antiquiren oder zu den überwundenen Stufen zählen zu wollen!

Was aber weiter aus dieser Bildung hervorgeht oder doch nahe mit ihr zusammenhängt, — vergönnen Sie mir, daß ich es noch mit einigen Worten zu verdeutlichen suche. Im Wesen der Union liegt ein Doppeltes, was die bloße Confederation nicht leistet noch leisten kann, und was doch ein integrirender Bestandtheil unseres theologischen Verkehrs geworden ist. Sie verwandelt zuerst die kirchlich verbürgte und normirte Ueberzeugung in eine persönlich erworbene. Als Beispiel möge dabei auf die alte kirchliche Scheidelehre von der Vorherbestimmung und Erwählung hingewiesen werden. Soll das Wesen Gottes als höchstes absolutes Sein oder als reines Thun und actus purus gedacht werden, und welches von diesen Momenten verdient in der Entwicklung des Gottesbegriffs die oberste Stelle? Ist das actuelle in der Substanz unmittelbar enthalten, so daß es seine eigene Forderung sofort in diese hineinträgt, oder soll es nur nach Maaßgabe einer vorausgedachten absoluten Wesenheit zur Anwendung kommen? Oder wenn wir die andere Seite der Frage ins Auge fassen: soll das religiöse Verhältniß des Menschen zu Gott mehr aus dem Gesichtspunkt der unbedingten Abhängigkeit oder der relativen Freiheit bestimmt werden? Beide Auffassungen haben sich in der protestantischen Literatur und Theologie fortgeflanzt, beide sich einen christlichen Charakter gegeben; beide stützen sich auf Zeugnisse der h. Schrift und die weitere Gestaltung der Glaubenslehre hat sich der einen wie der anderen Grundbestimmung gefügt. Wir sind wohl gegenwärtig so weit, diese Controverse von den Schroffheiten und Mißverständnissen befreien zu können, an denen sie vor Zeiten gelitten hat. Allein die Frage selber bleibt stehen, wir mögen uns nun kirchlich scheiden oder uniren oder confederiren; verschwinden wird sie nicht, und es ist nicht zu erwarten, daß die protestantische Theologie und Philosophie ihre volle Befriedigung finden wird in der einen oder anderen Erklärung allein. Denn in diesem Falle ist jede Lösung zugleich eine Beschränkung des unendlichen Problems, sie hat ihre schwachen Stellen, zieht daher noch eine andere Deutung heran, welche die von jener zurückgesetzten Momente vollständiger verwerthen wird. Ein Abschluß der Controverse würde entweder die menschliche Erkenntniß verkürzen oder über ihre Grenzen täuschen; auch sind es nicht die Gelehrten allein, sondern auch die Ungelehrten, welche unwillkürlich an ihr Theil nehmen. Die nothwendige Fortdauer des Streitpunkts ist daher vollständig anzuerkennen, allein der große Unterschied besteht nur darin, daß vom Standpunkte der Union die kirchliche also confessionelle Entscheidung nicht mehr über die persönliche verfügt, sondern diese darf sich innerhalb der kirchlichen Gemeinschaft frei darstellen. Der Einzelne, indem er dieser oder jener Ansicht sich anschließt, denkt sich die Kirche dabei nicht mehr als maaßgebende Lehrerin; angeregt durch das Studium der älteren theologischen Tradition ist er doch befugt, aus sich selbst zu arbeiten, befugt seiner intellectuellen Bildung zu folgen und demjenigen Raum zu geben, was sei es durch Lebenserfahrung oder durch religiöse und geistige Disposition ihm nahe gelegt wird. Er weiß, daß er damit nicht aus den Grenzen des evangelischen Bewußtseins heraustritt. Und ähnlich verhält es sich mit einigen anderen Differenzen, welche die Vergleichung der kirchlichen Lehrtropen an's Licht stellt; sie bleiben stehen und verändern nur ihre Formen, und erlöst aus ihrer alten gegensätzlichen Sprödigkeit gewinnen sie erst ihren vollen Gedankenreichthum. Die Selbständigkeit persönlich erworbener und im Anschluß an theologische Kreise, Vereine oder Schulen mit Freiheit angeeigneter Erkenntniß entspricht demjenigen, was auf anderen Gebieten bereits erreicht ist; sie ist eine Forderung der Zeit und zwar eine sittlich begründete, welche dem Einzelnen einen höheren Grad verantwortlicher Arbeit und Anstrengung auferlegt. Zurückthun können wir diesen Fortschritt nicht mehr, sollen wir ihn zurückwünschen? Eine andere Bewandtniß möchte es dagegen, beiläufig gesagt, mit der zweiten großen und volksthümlichen Streit- und Scheidelehre vom Abendmahl haben. Von dieser glaube ich allerdings, daß sie, so weit sie das Verständniß der Einsetzungsworte und die Absicht der Stiftung der h. Handlung betrifft, nicht unentscheidbar sei. Als historisch-exegetische Frage kann sie gelöst werden und befindet sich wohl auf dem allmäligen aber sicheren Wege dazu. Die in dieser Hinsicht zu hoffende Einigung über das Objective der Handlung als solcher hebt freilich die Differenz noch nicht auf, denn diese wird sich auch dann noch an die verschiedene Gemüthsbeschaffenheit und religiöse Denkweise der Genießenden naturgemäß anschließen; allein dieser Unterschied würde mit den Abstufungen der Frömmigkeit selber zusammenfallen, ohne der Abendmahlsgemeinschaft hinderlich zu werden. Ja die Abendmahlsgemeinschaft wäre ungeachtet aller vorhandenen Ungleichheit ihrer Theilnehmer der innigste Einigungspunkt für Viele, wie dies schon gegenwärtig der Fall ist; auch unser Schriftsteller erkennt es an. Es darf hinzugefügt werden, daß sich in der genannten Beziehung die reformirte Ansicht längst auf die Lutherischen Kreise, nicht aber die Lutherische

Lehre auf die reformirte Richtung übertragen hat, und das Recht dieser Uebertragung ist viel zu häufig ausgeübt worden, als daß eine Beanstandung desselben jetzt noch zulässig erscheinen sollte.

Somit mögen die alten Streitfragen unter uns fortbestehen und sich nur vielseitiger ausprägen, aber sie werden anders ergriffen; einzelne Kreise und Persönlichkeiten treten in ein verändertes Verhältniß zur Kirche, und indem sie an der Lösung der alten Probleme mit persönlicher Freiheit mitarbeiten, fühlen sie sich als Mitglieder der ganzen großen Gemeinschaft, ohne in die alte Scheidung zurückzutreten. Damit verbindet sich jedoch eine zweite wichtige Folgerung. Die Union stellt ihre Theilnehmer nicht allein zu dem Streitigen anders, sondern auch, was davon nicht getrennt werden kann, zu dem Gemeinsamen; denn sie erhebt über die in sich gespaltene Lehrüberlieferung und enthält die Nöthigung, von dem bloß dogmatischen Consensus auf den religiösen zurückzugehen und an diesen anzuknüpfen. Dieß kann in verschiedenen Graden geschehen, man mag es billigen oder verwerfen, aber es bleibt ein unbestreitbares Factum, welches durch einen großen Theil der Unionstheologie belegt und durch die gesammten religiösen und wissenschaftlichen Verhältnisse unserer Zeit erklärt wird. An dieser Stelle kommen Sie, m. H., mir gewiß mit Ihrer Sachkenntniß entgegen und erlassen mir eine weitläufige Auseinandersetzung. Denn hier ist jedes Urtheil umstritten und jeder Schritt angefochten; die Berufung auf das einigende Band droht ihren Werth zu verlieren, indem sie sich der verschiedensten Deutung aussetzt. Es ist anzuerkennen, daß es auch eine Unionstheologie giebt, die sich auf den dogmatischen Consensus der symbolischen Bücher als solchen stützt. Aber ganz abgesehen davon, daß auch sie nicht ohne erweiternde Erklärungen und starke Modificationen sich aufrecht erhält: so ist sie es wahrlich nicht allein, die durch eigene Lebenskraft auch auf Anerkennung Anspruch machen darf, sondern eine andere hat sich neben sie gestellt; diese behauptet nicht in dem Gleichklang der Lehre, sondern in dem tieferen und einfacheren Consensus des Glaubens die Grundlage eines gemeinsamen kirchlichen Bewußtseins gefunden zu haben, und um diese zu gewinnen und zu verwerthen, will sie von den Einzelbestimmungen des symbolischen Dogma's unabhängig sein. Die tieferen Gründe dieser Forderung lassen sich mit wenigen Worten weder entkräften noch rechtfertigen, sie liegen in den großen Schicksalen und Wendungen des deutschen Protestantismus, nicht innerhalb unserer Willkür. Die freie Unionsrichtung erhält den Tadelnamen der destructiven oder absorptiven. Auch unser Schriftsteller benutzt diesen Angriffspunkt, denn er erneuert die Anklagen gegen den negativen Unionismus, gegen halbrationalistisches Gefühlschristenthum und Rationalismus; für diesen sei die Negation der alten kirchlichen Bekenntnisse ein Lebensbedürfniß, „und da die Union in einem bald fünfzigjährigen Bestande es zu keiner Fixirung eines kirchlichen Bekenntnisses gebracht habe: so müsse ihm vornehmlich Alles daran gelegen sein, den schwankenden und unsicheren Zustand, welchen die Union in Absicht auf Bekenntniß und öffentliche Lehre geschaffen hat, nicht nur als den besten, sondern auch als den allein rechtsbeständigen zu erweisen" (S. 15). Diese Vorwürfe reichen sehr weit, weiter als ihr Gegenstand. Es ist leicht, allgemeine Klagen zu wiederholen, die dann ebenso allgemein beantwortet werden müssen. Kein Vernünftiger wird in einem unsicheren und schwankenden Zustand das Heil suchen, denn er leidet immer darunter, sondern nur die nöthige Freiheit kann er wünschen für eine uns Allen auferlegte gemeinsame Arbeit am Gottesreich, und um dieser Freiheit willen sollen dann auch die Inconsequenzen und Widersprüche, welche durch unser Leben hindurchgehen, ertragen werden. Man hebe die Union auf: so würde dadurch der Gang der Theologie nicht verändert, wohl aber aus dem Verband mit den kirchlichen Interessen herausgerückt werden, und ich kann mir nicht denken, daß der „deutsche Theologe" darin einen Gewinn erblicken würde, wodurch sich gerade die letzten Jahrzehnte von den vorangegangenen vortheilhaft unterscheiden. Rein wissenschaftliche Principien und

Gegensätze, wie die des Rationalismus und Supranaturalismus, lassen sich nur auf ihrem eigenen Gebiet untersuchen und beurtheilen, sie kommen nur in Betracht, weil und soweit sie sich den Grundsätzen des christlichen Protestantismus anschließen. Wohl aber gehört das Verhältniß zu den symbolischen Büchern unmittelbar in unseren Zusammenhang, und über dieses habe ich mir früher erlaubt, vor dieser Versammlung mich auszusprechen, indem ich mich auf diejenige Seite stellte, welcher die schwierigere, aber auch die höhere und umfassendere Aufgabe zufällt. Die symbolischen Bücher enthalten abschließende Lehren und Lehrbestimmungen, aber in und mit diesen bezeugen sie zugleich die religiösen Motive, in welchen die unterscheidende Eigenthümlichkeit des evangelischen Protestantismus niedergelegt ist, und vor Allem ist ja die Rechtfertigung aus dem Glauben ein solcher Grundgedanke, welcher die Art und Tendenz der protestantischen Frömmigkeit und Sittlichkeit im Unterschiede von der katholischen ausdrückt. Als Artikelreihen und Dogmensammlungen und folglich in ihrer bloß dogmatischen Gestalt können die symbolischen Schriften nach meiner Ueberzeugung nicht mehr maaßgebend sein, ja sie sind es selbst für den confessionellen Standpunkt nicht mehr durchaus. Dagegen erweisen sich die ihnen unterliegenden religiösen Beweggründe noch immer lebendig und lebenskräftig; im Anschluß an sie erhält sich ein evangelisch-christlicher Wille, welcher durch alle Verwirrungen und Schwierigkeiten der Zeit gerettet werden soll, in der Hoffnung, daß es einst möglich sein werde, ihn auch im Namen der Gemeinschaft und in befriedigenden Ausdrücken zu fixiren.

Indem die Theologie diesen Willen in sich aufnimmt und festhält, wird sie wahre Unionstheologie; sie giebt sich selbst einen kirchlichen Charakter, denn nicht das bloße Lehren, Untersuchen und Kritisiren ist ihr Endzweck und Geschäft, — nein sie soll und will auch bekennen, bekennen das unvergängliche Heilsgut des Evangeliums, bekennen aber auch Christus als den alleinigen Heilsgrund und Offenbarer unseres Verhältnisses zu Gott. Denn in ihm haben wir, was die christliche Religion von uns fordert, Wiedergeburt und Heiligung, durch ihn wird uns aber auch das Mittel es zu erreichen, verbürgt und dargeboten, die Macht der göttlichen Gnade und des h. Geistes. Daran ist Alles gelegen, daß das Evangelium als die erneuernde und heiligende Lebensmacht in der Fülle seiner Wirkungen aufs Neue unter uns zu ergreifender Anschauung gebracht werde. Wie viel wir auch unter einander auszumachen haben: von diesem Verlangen sollen wir Alle ergriffen sein, dieses Streben klingt weit umher, verbindet Freunde und Gegner und wird durch jede Mahnung an die schweren Gebrechen unserer Zustände wach gerufen, und derjenige würdigt es nicht, der dasselbe und die mit ihm zusammenhängende dynamische Glaubensauffassung zu einer bloßen theologischen Parteisache herabsetzt. Wenn irgend woran, so dürfen wir an solche Bestrebungen unsere Hoffnung für die kirchliche Entwickelung der Zukunft anknüpfen. Selbst unser Schriftsteller hat sich einer günstigen Aussicht und Auffassung nicht verschließen wollen. Gerade an dieser Stelle, wo es sich darum handelt, eine zukünftige Bestimmung der Unionssache anzuerkennen, kommt er uns selbst mit einem überraschenden Zugeständniß entgegen. Denn er erklärt selbst, es sei für eine Errungenschaft zu achten, daß durch die Union eine „neue dritte Confession" entwickelt werde, die wenn auch noch nicht unter einem formulirten Bekenntniß vereinigt, immerhin doch auf einen bereits kennbar gewordenen Consensus sich stütze, eine Confession, in welcher man den Vorboten einer kommenden höheren Entwickelung in der Kirche ahnen und begrüßen dürfe. Es ist erfreulich, aber auch befremdlich, solche Worte aus dem Munde eines Gegners zu vernehmen. Auch lasse ich mir den Ausdruck dritte Confession gefallen, so lange derselbe nicht die Tendenz hat, die Entwickelung *vor der Zeit* abzuschneiden, damit das wirkende Princip, dessen Alle bedürfen, möglichst früh mit dem Inhalt des Bekenntnisses vertauscht werde. Allein die Union im engeren Sinne abschaffen und dennoch in der Unions*partei* ein bedeutendes Vermächtniß derselben anerkennen wollen, das verträgt sich nicht. Wer in der Union überhaupt den Vorboten einer höheren Stufe des kirchlichen Bewußtseins zu erblicken geneigt ist, der sollte dieselbe Sache, an welche er Hoffnungen knüpft, nicht gleichzeitig mit den Anklagen der Vereitelung und des Aergernisses verunglimpfen; er sollte wissen, daß er durch diese Art der Kritik den Schwerpunkt wieder auf die Seite der confessionellen Spaltung lenkt und einen neuen Sieg derselben begünstigt.

Zuletzt bleibt noch ein wichtiges Bedenken übrig. Höher als Alles steht die Freiheit der Gewissen. Wie, wenn die Verbindung Lutherischer Landestheile mit einem unirten Kirchenregiment nicht ohne Störung des confessionellen Gewissens möglich wäre, müßte dann nicht jeder andere Grund der Ueberzeugung oder der Consequenz gegen diese eine Sorge zurückstehen? Unstreitig wäre dieß der scheinbarste Einwurf, an den sich daher auch unser Theologe mit lebhaften Worten anklammert. Beneficia non obtruduntur. „So lasse man denn Lutheraner, Unirte, Reformirte ruhig sich erbauen in der Eigenthümlichkeit ihres Wesens." Hinweg mit jedem Verdacht des Zwanges und der Herrschaft; auch das Gesetz der Union hat Zorn angerichtet, man befreie sie von diesem Makel (S. 20). Solche Ausrufungen klingen überzeugend, allein sie bedürfen der Prüfung, wenn sie nicht täuschen und zu einer falschen Folgerung verleiten sollen. Niemand unter uns wird irgend einer Beschränkung der Gewissen oder einer Verweigerung der freien kirchlichen Eigenthümlichkeit das Wort reden wollen, aber die Zeiten sind vorüber, in denen sich Bedrückungen confessioneller Parteien an die unionistische Kirchenverwaltung auch nur momentan anschließen konnten; wie wenig gerade die Lutheraner dergleichen zu besorgen haben, ist durch die öffentlichen Erklärungen längst außer Zweifel gestellt worden. Besorgnisse dieser Art erwecken, heißt falsche Furcht verbreiten. Aber wohlgemerkt, m. H., es handelt sich in dieser Angelegenheit nur um Freiheiten und Rechte, nicht um irgend welche principielle Veränderung. Jeder kirchliche Factor soll sich in der Eigenthümlichkeit seines Wesens erbauen dürfen, das ist sein *Recht*, aber keineswegs darf er verlangen, daß um seinetwillen und damit kein Anlaß zum „Zorn" gegeben werde, die allgemeine Kirchenleitung von ihrem wohlbegründeten Grundcharakter ablasse. Die Folge würde sein, daß die *Rechte wieder zu Pflichten erhoben*, daß das universelle Bewußtsein auf's Neue von dem particularistischen verdrängt werden und das andere Recht einer Fortentwickelung im Sinne der Union in das Licht eines Unrechts oder gar eines freiheitswidrigen Gesetzes treten würde. *Der Weg der Union muß eben Allen eröffnet und gesichert bleiben, auch denen, die ihn zur Zeit nicht betreten wollen.* Die kirchliche Einigung, glauben wir, hat das volle Vertrauen zu sich selbst und ihrem Beruf festzuhalten, ohne sich durch eine Vorhaltung schrecken zu lassen, als ob die Aufnahme oder Fortexistenz confessionell gearteter Gemeinschaften mit einer Beeinträchtigung der Gewissen verbunden sein würde. Jeder Abzug von ihrem eigenen Grundgedanken wäre ein Bekenntniß ihrer Unwahrheit; auch würde ihr Princip, sobald es in irgend einer Weise formell oder officiell alterirt würde, sehr bald der entgegengesetzten Richtung weichen müssen, nicht aber dem Zustand einer bloßen Verträglichkeit oder Duldung, der sich, wie bekannt, niemals auf die Länge durchführen läßt. Durch die Erweiterung der preußischen Landeskirche sind doch immer nur die *quantitativen* Verhältnisse verändert und auch diese nicht in einem Grade, daß eine Abweichung nach der Seite der Trennung und des Particularismus nothwendig werden könnte. Freilich sieht Jeder, wie schwierig unter allen Umständen die Sachlage ist; denn wie wird es gelingen, die heterogenen Bestandtheile durch Verfassungsformen also zu verknüpfen, daß die Darstellung eines kirchlichen Ganzen möglich und die Gefahr einer Spaltung überwunden wird? Niemand kann die Schwierigkeit dieser Frage offener anerkennen als ich. Allein sie betrifft doch immer nur die *praktische* Seite des Problems, und diese soll eben in ihren eigenen Grenzen erhalten und vor der Anwendung fremdartiger Mittel bewahrt werden. Es wäre daher verkehrt, bei der so dringend nöthig gewordenen Bearbeitung praktischer Vorschläge für die kirchliche Gestaltung von der Beseitigung oder auch nur von der Schwächung des Unionsgedankens auszugehen, als ob dieser ein hinderlicher und unpraktischer wäre und nicht vielmehr derjenige, der das Verlangen nach einer erneuerten kirchlichen Verfassung erst unter uns angeregt hat.

M. H. Ich habe mir erlaubt, von einer Angelegenheit der preußischen Landeskirche vor Ihnen zu reden. Dazu hat mich nicht allein mein Heimathsgefühl bestimmt, sondern ebenso die Erkenntniß von der Wichtigkeit des Gegenstandes für die Entwickelung der evangelischen Kirche Deutschlands. Was die Zukunft auch bringen und in welcher Richtung die Verwickelung sich lösen mag: gewiß werden auch wir in unserem Lande nicht unberührt bleiben. Ist der Wendepunkt wirklich so kritisch, wie uns vorgehalten wird: so fordert er diejenigen, die durch verwandte Grundsätze verbunden sind, um so mehr zu ernster Beherzigung auf, und sie haben die Pflicht, jeden Anlaß, welchen das vielbewegte Leben dieser Zeit darbietet, zu gegenseitiger Aufklärung über ihre Gesinnungen sowie zur Befestigung derselben zu benutzen.

Nachschrift.

Wenige Tage vor Abhaltung meines Vortrages erhielt ich eine zweite Schrift: Die Unions- und Verfassungsfrage, Ein Wort zur Abwehr und Verständigung u. s. w., Gotha 1867, deren Verfasser, Herr Missions-Inspector Dr. Fr. Fabri, sich hier als Verfasser des Büchleins über „die politische Lage und die Zukunft der evangelischen Kirche“ bekennt. Es war mir nicht mehr möglich, die in dieser zweiten Abhandlung gegebene „Fortsetzung und Ergänzung“ in meiner Rede zu berücksichtigen. Dagegen halte ich mich jetzt zu einigen kurzen Schlußbemerkungen verpflichtet, die sich aber nur auf den Abschnitt S. 7—43 zu beschränken haben.

Bei der Vergleichung beider Schriften zeigt sich sogleich, daß Herr Dr. Fabri, was er als „deutscher Theologe“ gesagt, zwar sachlich aufrecht erhalten will, daß aber die öffentlichen Beurtheilungen seines Votums doch nicht ohne Eindruck auf ihn geblieben sind. Er wählt seine Worte anders und milder, er äußert sich mehr defensiv als angreifend, gesteht auch S. 9 zu einer Mißdeutung, welche seine Behauptungen erfahren, selbst Anlaß gegegeben zu haben. Nur der stärkste Mißverstand habe ihn zu einem Widersacher der Union überhaupt stempeln können; denn während er gegen einen Unions-Orthodoxismus, welcher im Eifer der Parteiung mit dem confessionellen wetteifere und diesem an krankhafter Reizbarkeit nicht nachstehe, durchaus protestiren müsse:

glaube er doch selber von sich, daß das Zeug zu einem entschiedenen Unionstheologen ihm selber kaum gebreche (S. 19. 26. 27). Auch knüpft Herr Dr. Fabri seine nunmehrige Auseinandersetzung nur an die vielgebrauchten Distinctionen des absorptiven und conservativen oder confederativen Unionismus; damit tritt er in eine längst bekannte Differenz zurück, welcher man aber bisher nicht immer einen so durchgreifenden und principiellen Werth beigelegt hatte. Auf diese Weise hat der Herr Verfasser seine Stellung zum Gegenstande modificirt, und was bisher ein Angriff gewesen war, geht jetzt in die Wiederaufnahme einer schon oft gehörten und von Vielen vertretenen Ansicht über. Ueber diese Ermäßigung seines Standpunktes hat Niemand mit ihm zu rechten. Genauer betrachtet bleibt der Streitpunkt dennoch stehen. „Denn wir haben", heißt es S. 16, „nicht für Aufhebung der Union plaidirt, sondern nur dafür, daß die Union als kirchenregimentliches Princip mit der Confederation vertauscht werde, oder mit anderen Worten, daß da der Begriff der Union mehr umfaßt als nur ein kirchenregimentliches Princip, die Union kirchenregimentlich im Sinne der Confederation gedeutet werde." Unter dieser confederativen Deutung aber ist dem Zusammenhange nach nicht ein praktisches Verfahren, welches den erneuerten Schwierigkeiten Rechnung trägt, — ein solches wird Jeder als nothwendig anerkennen, — zu verstehen, sondern ein grundsätzlich veränderter Standpunkt. Die Meinung geht also dahin: der Begriff der „unirten Kirche" soll fallen und mit dem der bloß confederirten vertauscht werden; was also Anfangs in der Union lag, — man nenne es das „Absorptive", Progressive, Erhebende, kurz das Neue, wodurch sich dieser Act der Einigung von früheren kirchlichen Combinirungen unterscheidet, — soll aufgegeben werden, und diejenigen, die diesem Entwicklungstriebe gefolgt sind, sollen in der nunmehrigen kirchlichen Gestaltung keine Stelle mehr finden. So verstehe ich die Controverse, und so muß ich sie aufrecht erhalten.

Da ich gerade für die Idee der Union und für die innere Berechtigung ihrer ferneren Entfaltung das Wort genommen: so glaube ich auch diesen Ergänzungen des Herrn Dr. Fabri gegenüber nichts zurücknehmen zu dürfen. Daß aber nicht alle Lutheraner mit ihm übereinstimmen, ersehe ich mit Vergnügen aus der Schrift eines evangelisch-lutherischen Theologen der Provinz Hannover: Ueber die zukünftige Gesammtverfassung der evang. Kirche Preußens, Göttingen 1867. Hier lautet S. 36 der Vorschlag ganz anders und richtiger dahin: „Man erhalte und bilde die Union, wo sie besteht, insbesondere auch durch eine zweckmäßige Organisation der kirchlichen Verfassung fort, um auf synodalem Wege ein kirchliches Urtheil über die zu beseitigenden Mängel der Union selber zu erzielen und deren Abhülfe in kirchlich geordneter Weise erwirken zu können; zwischen den unirten und nichtunirten Kirchencomplexen aber, welche letztere unter Leitung des landesherrlichen Kirchenregiments gleichfalls presbyterial und synodal zu organisiren sind, erstrebe man zuvörderst eine wirkliche Confederation und überlasse es alsdann der ferneren Entwicklung des kirchlichen Bewußtseins, unter Führung des Geistes Gottes umfassendere innere und äußere Gemeinschaftsformen zu finden."

Die übrigen Bemerkungen des Herrn Dr. Fabri dienen der Auseinandersetzung mit seinen Kritikern oder betreffen einzelne Data, bis auf welche ich ihm hier nicht folgen kann. Befremden erregt es dabei, daß er S. 13 auf seine „territorialistischen Motive bei der Einführung der Union", als einen „meist zu sehr übersehenen Gesichtspunkt" nochmals zurückkommt. Mit dieser Erklärung ist ein für allemal nicht viel auszurichten.

Gleichwohl finden sich auch in dieser zweiten Schrift, so gut wie in der ersten, schöne und beherzigenswerthe Stellen. Mit Recht klagt der Verfasser über „die große Noth unseres theologischen und kirchlichen Parteiwesens" und fügt S. 23 hinzu: „Die Gewohnheit, Alles nur unter der Brille des Partei-Interesses zu betrachten, stets Uebles von dem wirklichen oder vermeinten Gegner zu argwöhnen, ein sachliches Wahrheits-Interesse, ein klares Verständniß nur für sich und seine Parteigenossen in Anspruch zu nehmen, den Gegner zu verketzern und so viel wie möglich den Haß wider ihn zu erregen; das sind Symptome, die uns alltäglich auf dem Markte unserer theologisch-kirchlichen Literatur in betrübender Weise begegnen." Diesen Worten kann ich mich nur völlig anschließen. Ich frage aber zuletzt: werden wir dadurch besser und friedlicher, der Union und ihres „edlen Namens" würdiger werden, daß wir uns ihrer stückweise entledigen?

Kolibri 360 GmbH
Ferdinand-Jühlke-Straße 7
99095 Erfurt, Deutschland
produktsicherheit@kolibri360.de